Benny Blu®

Landschildkröten

Lebende Urtiere

Text von Simon Eckstein

Illustriert von Gregor Schöner

Für Michael Kluth aus Düsseldorf,
der wissen wollte, woraus ein
Schildkrötenpanzer besteht

---

www.BennyBlu.de

Benny Blu im Reptilienzoo

An einem verregneten Herbsttag schaut Benny Blu aus dem Fenster. „Was soll ich bei diesem Wetter nur machen? Mir ist so langweilig."

Bennys Mama kommt gerade herein. „Ich habe mir ein tolles Regen-Programm für uns beide ausgedacht. Wir fahren heute in den Reptilienzoo", sagt sie.

„Was ist das - ein Reptilienzoo?", fragt Benny. „Lauter Reptilien eben. Lass dich einfach überraschen, Benny!" Er ist schon ganz gespannt, welche Tiere er heute zu Gesicht bekommt.

Im Zoo angekommen, sieht sich Benny alle Tiere genau an. „Schau mal, ein Baby-Dinosaurier!", ruft er plötzlich. Doch seine Mama weiß Bescheid: „Das ist ein Leguan."

Benny beobachtet Schlangen, Echsen und sogar Krokodile. Dann entdeckt er die Landschildkröten mit ihren schönen Panzern. Ein Tierpfleger beantwortet gerne Bennys Fragen.

„Wo leben Schildkröten? Welche Arten gibt es? Wie viele Eier legt eine Schildkrötenmama? Wieso haben diese Tiere einen Panzer? Und wie hält man Landschildkröten zu Hause?"

Reptilien

Landschildkröten gehören zur Klasse der Reptilien, auch Kriechtiere genannt. Sie haben viele Verwandte.

Benny Blu Wissens-Tipp

Kriechtiere sind wechselwarme Tiere. Ist es warm, steigt ihre Körpertemperatur an. Wenn es kalt ist, sinkt sie. Bei Kälte bewegen sich die Reptilien daher nur langsam.

Uralt

Schildkröten gibt es schon seit 200 Millionen Jahren. Sie haben sich seitdem kaum verändert.

Vom Wasser ans Land

Die ersten Schildkröten lebten im Wasser. Allmählich entwickelten sich daraus dann Wasser-, Sumpf- und Landschildkröten.

Benny Blu Wissens-Tipp

Schildkröten werden uralt. Die ältesten sollen über 200 Jahre alt sein!

Landschildkröten

Sie besitzen fast immer einen hohen Panzer. Ihre Füße sind mit festen Schuppen besetzt.

Wasserschildkröten

Ihr Panzer ist eher flach. Ihre Beine sehen aus wie Flossen. Prima zum Schwimmen!

Benny Blu Wissens-Tipp

Landschildkröten können nicht schwimmen. Dafür sind sie nicht gebaut. Sie würden im tiefen Wasser ertrinken.

Verbreitung der Landschildkröten

Diese Reptilien bewohnen die wärmeren Gebiete der Erde. Die meisten gibt es in Afrika.

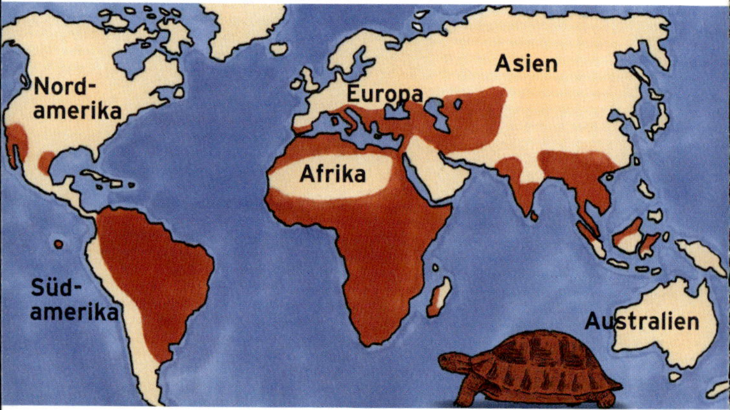

Feuchte Tropen

In den Tropen regnet es viel. Die Luft ist sehr feucht. Die Pflanzen wachsen schnell. Das bedeutet: reichlich leckeres Futter!

Trockene Savannen

Ein besonderes Klima herrscht in den Savannen in Afrika. Dort regnet es ganz selten. Nur wenige Pflanzen halten das aus.

Sommerruhe

Im Sommer vertrocknen die Pflanzen fast völlig. Die Schildkröten haben nichts mehr zu fressen. Darum vergraben sie sich im Boden. Sie verschlafen die trockene Zeit.

Gemäßigtes Klima

Landschildkröten kommen auch im warmen Süden Europas vor. Sie leben zum Beispiel in Griechenland und in der Türkei.

Winterschlaf

Die europäischen Landschildkröten schlafen vom Herbst bis zum Frühjahr. Deshalb buddeln sich auch diese Arten in die Erde ein.

Körperbau

Schildkröten sind Wirbeltiere. Sie haben eine Wirbelsäule. Rechts und links davon verlaufen Rippen. Sie sind mit dem Panzer verwachsen.

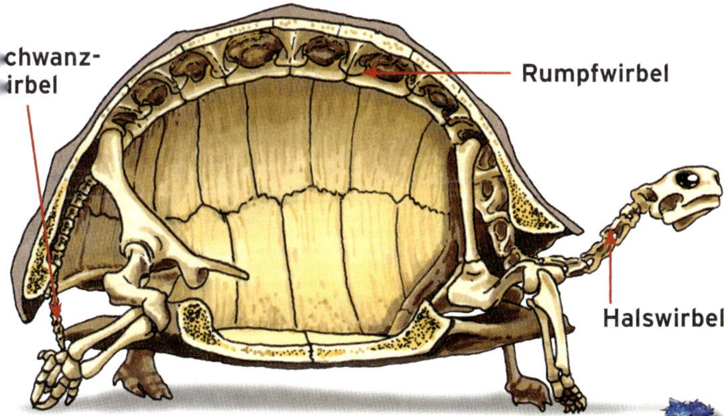

Benny Blu Wissensfrage

Weißt du noch, wie man Kriechtiere auch nennt?

A Textilien

B Reptilien

Der Panzer

Er besteht aus hartem Knochen und Horn. Die einzelnen Platten sind bei allen Landschildkröten gleich angeordnet.

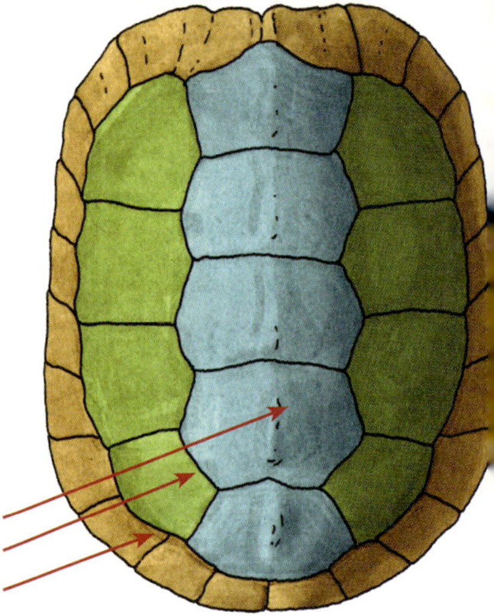

Fest verschlossen

Bei Gefahr ziehen die Tiere ihre Beine und den Kopf unter den Panzer. Er schützt die Schildkröte.

Die Sinne

Die Ohren der Schildkröten liegen innen. Damit nehmen sie nur tiefe Töne wahr.

Gute Augen

Farben und Formen können Schildkröten gut unterscheiden.

Die Farbe Rot wirkt besonders verlockend auf sie. Sie laufen sofort darauf zu!

Feiner Geruchssinn

Landschildkröten erschnuppern ihr Futter schon von weitem. Auch ihre Artgenossen erkennen sie am Geruch.

Zahnlos

Schildkröten haben keine Zähne. Dafür besitzen sie besonders scharfe Hornleisten.

Benny Blu Wissensfrage

Woraus besteht der Panzer einer Landschildkröte?

(A) Haut (B) Plastik
(C) Knochen

Fortpflanzung

In der Paarungszeit kämpfen die Männchen gegeneinander. Der Gewinner bekommt das Weibchen. Oft verteidigen die Landschildkröten auch ihr Revier auf diese Weise.

Die Paarung

Das Männchen beißt in die Füße des Weibchens. So sagt es dem Weibchen: „Ich will mich mit dir paaren!"

Eierreifung

Im Mutterleib reifen bis zu 30 Eier. Der Bauch der Schildkröten weitet sich nicht. Dennoch haben die Eier genug Platz.

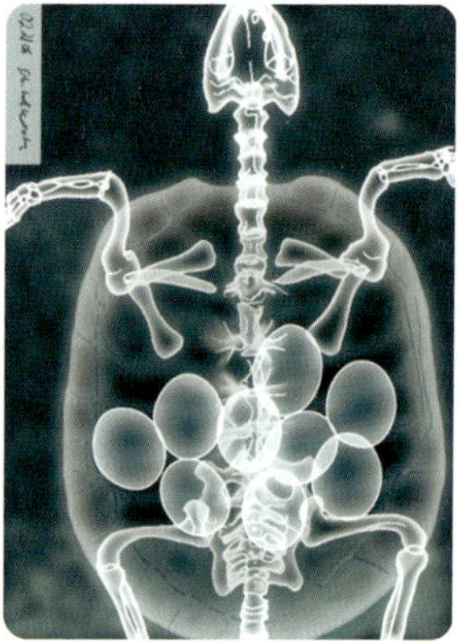

Röntgenbild

Eiablage

Auf einem sonnigen Hügel gräbt das Weibchen mit den Hinterbeinen eine Grube. Dann legt es die Eier hinein. Das Loch buddelt es wieder zu.

Was wird daraus?

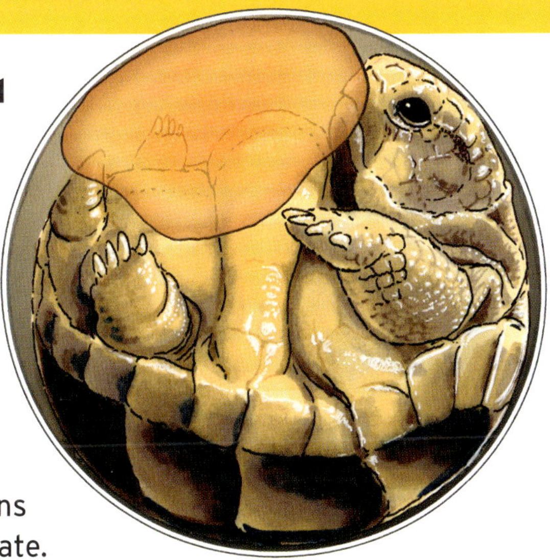

Die Schildkröte entwickelt sich im Ei. Das dauert mindestens zwei Monate.

Benny Blu Wissens-Tipp

Die Kleinen wachsen nur, wenn die Erde warm ist. Bei höheren Temperaturen entsteht ein Weibchen.
Ist das Ei kälter, wird es ein Männchen.

Schlupf

Ist das Jungtier groß genug, zerreißt es mit dem Eizahn die harte Schale. Dann befreit es sich aus der engen Hülle.

Total selbstständig

Um die Babyschildkröten kümmert sich niemand. Ihr Panzer ist noch weich. Daher sind sie leichte Beute für Tiere wie den Marder.

Der Speiseplan

Landschildkröten fressen fast nur Pflanzen. Eher selten verspeisen sie Würmer oder Schnecken.

Großer Durst

Finden die Tiere Wasser, trinken sie ausgiebig. Das kann für einen Monat reichen!

Schildkröten trinken mit dem Kopf unter Wasser.

Feinde

Greifvögel, Nager und andere Raubtiere sind natürliche Feinde der Landschildkröten. Ihr harter Panzer schützt sie meist vor Angriffen.

Benny Blu Internet-Tipp

Hast Du Lust, ein Schildkröten-Mandala auszumalen? Du findest die Vorlage unter www.BennyBlu.de.

Schlimmster Feind

Die Menschen bauen immer mehr Straßen und Gebäude. Sie zerstören damit den Lebensraum der Landschildkröten.

Benny Blu Aktions-Tipp

Einige Schildkröten-Arten sind vom Aussterben bedroht. Du kannst helfen. Wie, erfährst du unter der Adresse auf Seite 32.

Benny Blu Schildkröten-Quiz

Du hast nun schon viel über Schildkröten gelernt. Sind diese Sätze falsch oder richtig? Kreuze an und trage die Buchstaben unten ein.

	richtig	falsch
1 Landschildkröten können über 200 Jahre alt werden.	❍ P	❍ T
2 Der Panzer einer erwachsenen Landschildkröte ist weich.	❍ I	❍ A
3 Schildkröten bewohnen kalte Gebiete.	❍ Z	❍ N

P A N Z E R

Besonderes

Einige Landschildkröten haben besondere Merkmale.

Spaltenschildkröte

Mit ihrem flachen Panzer versteckt sie sich in Felsspalten.

Spaltenschildkröte

Kampfhilfe

Am Bauchpanzer der Spornschildkröten-Männchen sitzen Kampfhörner. Zur Paarungszeit versuchen sie, sich damit gegenseitig umzuwerfen.

Spornschildkröte

Zu Hause halten

Landschildkröten sind beliebte Heimtiere. Viele Menschen haben ihr ganzes Leben damit Freude.

Benny Blu Wissens-Tipp

Eine Schildkröte ist kein Spielzeug und auch kein Streicheltier. Sie muss artgerecht gehalten werden. Sonst wird sie krank.

Artgerechte Haltung

Oft werden europäische Landschildkröten zu Hause gehalten. Man kauft sie am besten direkt bei einem Züchter.

Das Terrarium

Eine junge Landschildkröte gehört in ein Terrarium. Speziallampen beleuchten und beheizen diesen Glasbehälter. Im Sommer gefällt es den Tieren auch im Garten.

Schlaf

Auch als Heimtiere brauchen die Europäischen Schildkröten unbedingt ihren Winterschlaf.

Benny Blu Zwischenfrage

Weißt du noch, wie diese Schildkröte heißt? Ihr Name sagt, wo sie sich oft versteckt.

Benny Blu Rekord-Schildkröten

Riese

Die Galapagos-Riesenschildkröten sind mit bis zu 1,20 Meter Länge die größten Landschildkröten.

Zwerge

Die Flachschildkröte ist die kleinste Landschildkröte. Sie wird höchstens zehn Zentimeter groß.

Benny Blu Suchbild

Dieser Junge sucht seine Schildkröten. Sie haben sich im Garten versteckt. Findest du sie? Wie viele sind es?

A 3 ○ B 5 ○ C 7 ○

Prominente Autoren

Viele prominente Autoren geben ihr Sachwissen gerne weiter. Zusammen mit Benny Blu setzen sie sich regelmäßig für Kinder in schwierigen Lebenssituationen ein.

Andreas Hinkel

Ralf Zacherl

Lukas Koch

Thomas Bug

Henry Maske

Nina Ruge

Walter Röhrl

Christian Häckl

Kein Benny Blu Buch verpassen!

Wer kein Benny Blu Buch verpassen will, nutzt den **Benny Blu Newsletter-Service.** Mehr Infos unter www.BennyBlu.de.

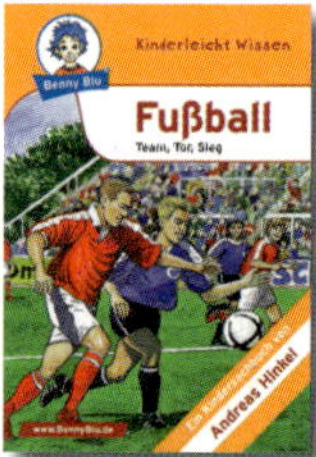

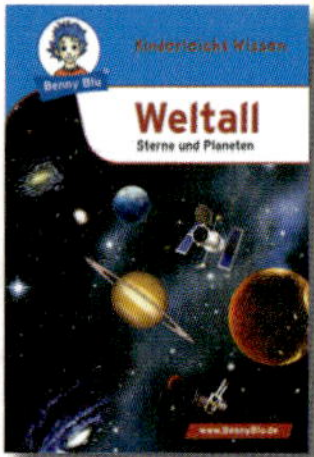

Bereits erschienen:

Adler – Könige der Lüfte
Ägypten – Leben am Nil
Altes Rom – Soldaten, Götter, Spiele
Autos – Vom Dampfwagen zum Flitzer
Babys – Das Leben beginnt
Bauernhof – Leben auf dem Land
Benehmen – Bitte, danke, gern gescheher
Bienen – Fleißige Honigmacher
BRD – So ist sie aufgebaut
Brot – Vom Mehl zum Brot
Bücher – So werden sie gemacht
Christentum – Der Glaube an Jesus
Delfine – Schlaue Schwimmer
Dinosaurier – Faszinierende Urtiere
Eichen – Vom Samen zum Baumriesen
Eisbären – Raues Leben in der Arktis
Eisenbahn – Von der Pferdebahn zum ICE
Elefanten – Sanfte Riesen
Erde – Unser Lebensraum
Fernsehen – Filmen, senden, gucken
Feuerwehr – Löschen, retten, bergen, schü
Flugzeuge – Vom Gleiter zum Airbus
Frösche – Quakkonzert am Teich
Fußball – Team, Tor, Sieg
Gefühle – Glücklich, wütend, fröhlich sein
Gehirn – So denken wir
Gemüse – Gesunde Fitmacher
Getreide – Vom Korn zum Mehl
Glas – Stoff mit Durchblick
Gorillas – Große Menschenaffen
Haie – Scharfsinnige Jäger
Handy – Telefone und Funklöcher
Hausbau – Von der Planung zum Einzug
Hecke – Bäume, Sträucher, Tiere
Heilpflanzen – Blüten, Tee und Zauberkra
Hunde – Freunde der Menschen
Igel – Stachlige Urtiere
Indianer – Wigwam und Büffeljagd
Kaninchen – ... und Hasen
Kartoffeln – Lecker und gesund
Katzen – Schnurren oder kratzen
Kino – Wie die Bilder laufen lernen
Körper – So funktioniert er
Kolumbus – Entdeckung der Neuen Welt
Landschildkröten – Lebende Urtiere

erntipps – Leichter lernen
öwen – Mächtige Raubkatzen
leisen – Geschickte Gartenvögel
lensch – So hat er sich entwickelt
lilch – Vom Euter bis zur Flasche
stern – Das Fest der Freude
apageien – Bunt und gesellig
ferde – Schön, schnell und stark
ilze – Vielseitig und nützlich
iraten – Räuber der Meere
olizei – Hilfe, Schutz, Verbrecherjagd
adio – Senden und empfangen
aumfahrt – Reisen ins All
itter – Lanze, Ross und Reiter
chiffe – Segelschiffe, Dampfer, Frachter
chlangen – Züngeln, schlängeln, zischen
chmetterlinge – Von der Raupe zum Falter
chokolade – Süßes vom Kakaobaum
port – Olympisch fit und fair
trom – Unsichtbare Energie
annen – Immergrüne Nadelbäume
iger – Gestreifte Großkatzen
erkehr – Sicher auf der Straße
ulkane – Feuer speiende Berge
asser – Aus der Quelle ins Glas
eihnachten – Das Fest der Liebe
eltall – Sterne und Planeten
etter – Regen, Wolken, Sonnenschein
iese – Blumen, Gräser und Tiere
ikinger – Raues Seefahrervolk
ähne – Starke Beißer
eit – Messbar, aber nicht zu fassen
ucker – Aus der Rübe in die Tüte

. und viele weitere Titel.

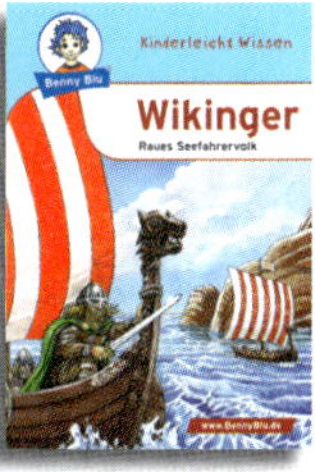

Mehr Infos zu Benny Blu
unter der Hotline:
01805/71 15 71 (0,12 €/Minute)
oder im Internet unter:

www.BennyBlu.de

Alle Lösungen auf einen Blick

Damit du die Lösungen lesen kannst,
musst du das Buch drehen.

Von Seite 11

Benny Blu Wissensfrage

Klasse! B Reptilien ist richtig.

Von Seite 14

Benny Blu Wissensfrage

Super! C Knochen ist die Lösung!

Von Seite 21

Benny Blu Aktions-Tipp

Unter dieser Adresse erfährst du, was du für den Schutz der Schildkröten tun kannst: Internationales Zentrum für Schildkrötenschutz, Allwetterzoo Münster, Sentruper Straße 315, 48161 Münster, Tel.: 0251/89 04 29, www.allwetterzoo.de

Von Seite 22

Benny Blu Schildkröten-Quiz

Das Lösungswort ist PANZER.

Von Seite 26

Benny Blu Zwischenfrage

Prima! Es ist die Spaltenschildkröte.

Von Seite 28

Benny Blu Suchbild